Susann Winkler

Biografiearbeit

Ratespaß mit Senioren
Aktivieren & Beschäftigen

schlütersche

Die Autorin
Susann Winkler ist Diplom-Heilpädagogin und arbeitet derzeit als Leitung des Bereichs Soziale Betreuung in einem Senioren- und Pflegeheim im Berchtesgadener Land. Sie hat bereits mehrere, sehr erfolgreiche Bücher veröffentlicht.

Bibliografische Information der Deutschen Nationalbibliothek
Die Deutsche Nationalbibliothek verzeichnet diese Publikation in der Deutschen Nationalbibliografie; detaillierte bibliografische Daten sind im Internet über http://dnb.de abrufbar.

ISBN 978-3-89993-349-9 (Print)
ISBN 978-3-8426-8662-5 (PDF)
ISBN 978-3-8426-8663-2 (EPUB)

2. Auflage

© 2025 Schlütersche Fachmedien GmbH, Hans-Böckler-Allee 7, 30173 Hannover
buchvertrieb@schluetersche.de, www.schluetersche.de

Aus Gründen der besseren Lesbarkeit wurde in diesem Buch gelegentlich die männliche Form gewählt, nichtsdestoweniger beziehen sich Personenbezeichnungen gleichermaßen auf Angehörige des männlichen und weiblichen Geschlechts sowie auf Menschen, die sich keinem Geschlecht zugehörig fühlen.
Autorin und Verlag haben dieses Buch sorgfältig erstellt und geprüft. Für eventuelle Fehler kann dennoch keine Gewähr übernommen werden. Weder Autorin noch Verlag können für eventuelle Nachteile oder Schäden, die aus in diesem Buch vorgestellten Erfahrungen, Meinungen, Studien, Therapien, Medikamenten, Methoden und praktischen Hinweisen resultieren, eine Haftung übernehmen. Insgesamt bieten alle vorgestellten Inhalte und Anregungen keinen Ersatz für eine medizinische Beratung, Betreuung und Behandlung.
Etwaige geschützte Warennamen (Warenzeichen) werden nicht besonders kenntlich gemacht. Daraus kann nicht geschlossen werden, dass es sich um freie Warennamen handelt.
Alle Rechte vorbehalten. Das Werk ist urheberrechtlich geschützt. Jede Verwertung außerhalb der gesetzlich geregelten Fälle muss vom Verlag schriftlich genehmigt werden.

Gedruckt mit mineralölfrei hergestellten Druckfarben und Strom aus erneuerbaren Energien. Die eingesetzten Klebe- und Bindestoffe entsprechen den derzeitigen Umweltstandards, die vom RAL Institut für Gütesicherung und Kennzeichnung geprüft wurden.

Umschlaggestaltung:	Kerker + Baum, Büro für Gestaltung GbR, Hannover
Titelbild:	Lisa-Blue – Getty Images
Satz:	PER Medien+Marketing GmbH, Braunschweig
Satz Neuauflagen:	Sandra Knauer Satz · Layout · Service, Garbsen
Druck und Bindung:	Salzland Druck GmbH & Co. KG, Staßfurt

EINLEITUNG

In der sozialen Betreuung von Senioren ist es oft schwierig, Aktivierungen zu finden, die für gemischte Seniorengruppen interessant und geeignet sind. Innerhalb der Gemeinschaft bestehen Unterschiede in puncto Alter, Bildung, Interessen sowie gesundheitlicher Verfassung.

Erfahrungsgemäß erfreuen sich Rätsel einer großen Beliebtheit – insbesondere wenn sie einen Bezug zur Biografie oder dem Lebensalltag der Senioren aufweisen. Dann sind die meisten von ihnen mit Eifer dabei, und auch Menschen mit Demenz beteiligen sich an den Fragerunden und tauschen Erinnerungen aus. Rasch entsteht eine wunderbar lebendige Atmosphäre, in der Erinnerungen erzählt werden und viel gelacht wird.

Dieses Buch enthält eine reiche Sammlung von Rätseln zu den beliebten Themen „Musik" sowie „Film & Fernsehen". Es ist ein unkompliziertes Arbeitsmaterial für alle in der sozialen Betreuung Tätigen und kann direkt, ohne weitere Vorbereitungen eingesetzt werden.

Die Aufteilung des Buches ist praktisch: Auf der linken Seite finden sich die jeweils nummerierten Fragen, auf der rechten Seite die entsprechenden Antworten. Auf Wunsch kann die linke Seite umgeschlagen werden, sodass lediglich die Fragen sichtbar sind. Damit können Senioren ohne oder mit wenig kognitiven Einschränkungen auch selbst rätseln.

Innerhalb der Rätselthemen wurden zahlreiche unterschiedliche Aspekte aufgegriffen, sodass sich viele Interessengebiete wiederfinden. Bei schwierigeren Fragen gibt es zusätzliche Tipps, um das Lösen des Rätsels zu erleichtern. Selbstverständlich können zusätzliche Hilfestellungen und Gesprächsanregungen gegeben werden: Es gilt, eine lebendige, vergnügliche Atmosphäre zu schaffen und eine hochwertige Aktivierung zu bieten. Soziale Interaktion, Gedächtnistraining, Biografiearbeit, Erfolgserlebnisse, Wertschätzung und Freude – wichtige Aspekte zur Förderung von Gesundheit und Lebensqualität – werden somit vereint.

Musik

Fragen

1. Welcher Vogel war die Braut in dem Lied »Ein Vogel wollte Hochzeit machen«? **Tipp:** »Die Drossel war der Bräutigam, die … war die Braute«.

2. Wie heißt die schwedische Sängerin, die mit Titeln wie »Kann denn Liebe Sünde sein« und »Es wird einmal ein Wunder geschehen« berühmt wurde?

3. Mit welchem Lied gewann die Sängerin Nicole 1982 den Grand Prix?

4. Udo Jürgens besang 1976 eine köstliche Beigabe zu Kuchen, Torten und Eiscreme. In seinem Lied erzählt er von Mathilde, Ottilie, Marie und Liliane, die sich regelmäßig in der Konditorei treffen. Wie heißt der Titel?

5. Woher stammt der Jäger, der in einem Volkslied mit Vorliebe durch den grünen Wald reitet und das Wild daher schießt, »gleich wie es ihm gefällt«?

6. Auf Festen hakt man sich zu stimmungsvoller Musik gerne beim Sitznachbarn ein und wiegt sich nach rechts und links. Wie nennt man diese Tätigkeit?

7. Vicky Leandros hatte 1974 die Landluft satt. In welche polnische Stadt wollte sie mit ihrem Theo fahren?

8. In einem bekannten Lied aus den 1930er-Jahren heißt es: »Ich tanze mit dir in den Himmel hinein …«. Wie lautet der Text weiter?

9. Welcher Sänger besingt mit Vorliebe das »blau, blau, blau« des Enzians?

Antworten

1. Amsel

2. Zarah Leander

3. »Ein bisschen Frieden«

4. »Aber bitte mit Sahne«

5. Kurpfalz (»Ein Jäger aus Kurpfalz«)

6. Schunkeln

7. Lodz (»Theo, wir fahr'n nach Lodz«)

8. »… in den siebenten Himmel der Liebe.« (Der Walzer stammt von Willy Fritsch aus dem Film »Sieben Ohrfeigen«.)

9. Heino

Musik

Fragen

10. Welcher beliebte österreichische Sänger und Schauspieler veröffentlichte 1951 seine erste Schallplatte unter dem Titel »Das machen nur die Beine von Dolores«? **Tipp:** Sein Vorname lautet Peter.

11. ABC – Welches Tier lief in einem Kinderlied mit weißen Stiefeln durch den Schnee?

12. Wen wünscht sich die dänische Sängerin Gitte in einem ihrer Lieder als Mann?

13. Welcher Komponist schrieb die Operetten »Land des Lächelns« und »Die lustige Witwe«? **Tipp:** Sein Vorname lautet Franz.

14. Welche Biene besingt Karel Gott in einem seiner Lieder?

15. In einem beliebten Volkslied heißt es: »Du, du liegst mir im Herzen …«. Wie lautet der Text weiter?

16. Welche Stadt besingt Hans Albers in seinem Lied: »Auf der Reeperbahn nachts um halb eins«?

17. Wer moderierte ab 1981 den Musikantenstadl?

18. Welche zu Herzen gehenden Lieder sang der junge Heintje?

19. Von welchem griechischen Sänger stammen die Hits »Sieben Fässer Wein« und »Anita«? **Tipp:** Sein Vor- und Nachname beginnen mit C.

Musik

Antworten

10. Peter Alexander

11. die Katze

12. einen Cowboy (»Ich will 'nen Cowboy als Mann«)

13. Franz Lehár

14. Biene Maja

15. »Du, du liegst mir im Herzen, du, du liegst mir im Sinn. Du, du machst mir viel Schmerzen, weißt nicht, wie gut ich dir bin …«

16. Hamburg

17. Karl Moik

18. »Mama«, »Ich bau Dir ein Schloss«, »Mamatschi«, »Oma so lieb«, »Sonne, Mond und Sterne«, »Wenn du noch eine Mutter hast«, »Es kann nicht immer nur die Sonne scheinen« und viele mehr

19. Costa Cordalis

Musik

Fragen

20. Ein beliebter Karnevalsschlager heißt: »Es war einmal ein treuer Husar«. Wie lautet der Text weiter?

21. Wer landete 1976 einen Hit mit dem Lied »Ein Bett im Kornfeld«?

22. Welcher österreichische Musiker war von 1954 bis 1989 Dirigent der Berliner Philharmoniker? **Tipp:** Sein Vorname lautet Herbert.

23. Das beliebte Volkslied »In einem Polenstädtchen« handelt von Maruschka, einem schönen polnischen Mädchen. Wie lautet der Refrain: »Aber nein, aber nein, sprach sie, …«?

24. Wie viele Saiten hat eine klassische Gitarre?

25. Ein bekanntes Gutenachtlied heißt: »Weißt du wie viel Sternlein stehen«. Wie lautet der Text weiter?

26. Von welchem Komponist stammt der Walzer »An der schönen blauen Donau«?

27. Wer sang den Hit »Marmor, Stein und Eisen bricht«? **Tipp:** Sein Vor- und Nachname beginnen mit D.

28. In einem Kinderlied geht der spannenlange Hansel mit der nudeldicken Dirn in den Garten, um welches Obst zu ernten?

29. Welche Sängerin behauptete trotz üppiger Körpermaße: »Ich will keine Schokolade, ich will lieber einen Mann«?

Musik

Antworten

20. »Es war einmal ein treuer Husar, der liebt sein Mädchen ein ganzes Jahr, ein ganzes Jahr und noch viel mehr, die Liebe nahm kein Ende mehr …«

21. Jürgen Drews

22. Herbert von Karajan

23. »… Ich küsse nie.«

24. sechs Saiten

25. »Weißt du, wie viel Sternlein stehen, an dem blauen Himmelszelt? Weißt du, wie viel Wolken gehen, weithin über alle Welt? Gott der Herr hat sie gezählet, dass ihm auch nicht eines fehlet, an der ganzen, großen Zahl …«

26. Johann Strauß (Sohn)

27. Drafi Deutscher

28. Birnen

29. Trude Herr

Musik

Fragen

30. Im Jahre 1931 wurde zum ersten Mal der Film »Der Kongress tanzt« ausgestrahlt. Aus diesem Film stammt das bekannte Lied: »Das gibt's nur einmal ...« Wie geht der Text weiter?

31. Wer komponierte das Weihnachtsoratorium, das in vielen Kirchen in der Weihnachtszeit gespielt wird?

32. James Last feierte mit seinem vierzigköpfigen Orchester über viele Jahrzehnte hinweg große Erfolge. In welchem Land wurde James Last 1929 geboren?

33. Schätzfrage: Wie viele Tasten hat ein normales Klavier insgesamt?

34. In welcher bayrischen Stadt finden jährlich die Richard-Wagner-Festspiele statt?

35. Welcher in Salzburg geborene Musiker komponierte schon im zarten Alter von 5 Jahren seine ersten Stücke? Von ihm stammt z. B. »Eine kleine Nachtmusik«.

36. Was kam bei Cindy und Bert »immer wieder sonntags«?

37. Welche Sängerin präsentierte 1968 ihren Titel »Für mich soll's rote Rosen regnen«?

38. Wie heißt ein bekannter Faschingsschlager von Margit Sponheimer? **Tipp:** »Gell, du hast mich ...«?

39. Wie hieß die berühmte britische Popgruppe der 1960er-Jahre, die unter anderen John Lennon und Paul McCartney zu ihren Mitgliedern zählte?

Musik

Antworten

30. »Das gibt's nur einmal, das kommt nie wieder, das ist zu schön, um wahr zu sein ...«

31. Johann Sebastian Bach

32. in Deutschland (in Bremen mit dem bürgerlichen Namen Hans Last)

33. in der Regel insgesamt 88 Tasten, davon 52 weiße und 36 schwarze Tasten

34. Bayreuth

35. Wolfgang Amadeus Mozart

36. die Erinnerung (»Immer wieder sonntags kommt die Erinnerung ...«)

37. Hildegard Knef

38. »Gell, du hast mich gelle gern«

39. The Beatles

Musik

Fragen

40. Was tut in einem Volkslied der Bauer im Märzen?

41. Aus welcher Stadt bringt uns die griechische Sängerin Nana Mouskouri einen Strauß weißer Rosen mit?

42. Der 1920 geborene Vico Torriani machte sich später als Sänger, Schauspieler und Showmaster einen Namen. Aus welchem Land stammt der Künstler?

43. Welches Tier sitzt in einem Kinderlied »auf der Mauer, auf der Lauer«?

44. Welches beliebte Weihnachtslied entstand 1818 im österreichischen Oberndorf, weil dort am Weihnachtsabend die Kirchenorgel defekt war?

45. Wer sorgte mit seinem Hit »Ein bisschen Spaß muss sein« auf unzähligen Festen für Stimmung?

46. Wie lautet der folgende Liedtext weiter: »Wem Gott will rechte Gunst erweisen, ...«?

47. Welche deutsche Sängerin und Schauspielerin wurde in den 1950er- und 1960er-Jahren mit Titeln wie »Pack die Badehose ein« und »Zwei kleine Italiener« bekannt? **Tipp:** Ihr Vorname beginnt mit C, der Nachname mit F.

48. Mit welcher Musikantengruppe feierte Ernst Mosch in den 70er-Jahren große Erfolge?

Musik

Antworten

40. Er spannt die Rößlein an … (»Im Märzen der Bauer die Rößlein einspannt. Er setzt seine Felder und Wiesen instand. Er pflüget den Boden, er egget und sät und rührt seine Hände früh morgens und spät …«.)

41. Athen (»Weiße Rosen aus Athen«)

42. aus der Schweiz

43. eine Wanze (»Auf der Mauer, auf der Lauer sitzt 'ne kleine Wanze …«)

44. »Stille Nacht, heilige Nacht«

45. Roberto Blanco

46. »Wem Gott will rechte Gunst erweisen, den schickt er in die weite Welt; dem will er seine Wunder weisen, in Berg und Tal und Strom und Feld …«

47. Cornelia (Conny) Froboess

48. Egerländer Musikanten (Ernst Mosch und seine Egerländer Musikanten)

Musik

Fragen

49. Welche Instrumente werden hauptsächlich in der alpenländischen Stubenmusik verwendet?

50. Welche Stadt wurde von zahlreichen Interpreten besungen mit dem Titel: »Ich hab noch einen Koffer in …«?

51. Ein lustiger Kanon, der besonders von Kindern gerne gesungen wird, ist der »Uhrenkanon«. Wie lautet der Text: »Große Uhren gehen …«?

52. Wohin wollte Paul Kuhn nicht auf Hochzeitsreise fahren, weil es dort statt Bier nur »Hula-Hula« gibt?

53. Wie viele Musiker spielen in einem Quartett?

54. In einem bekannten Volkslied heißt es: »Rosamunde, schenk mir dein …«?

55. Beim Fasching wird gerne ein Tanz praktiziert, bei dem beliebig viele Teilnehmer hintereinander gehen und ihre Hände auf die Schultern ihres Vorgängers legen. Wie heißt dieser Tanz?

56. In welchem Alter hat man laut Peggy March noch Träume?

57. »Schön ist es auf der Welt zu sein, sprach die Biene zu dem Stachelschwein …« sang die kleine Anita zusammen mit welchem bekannten Sänger und Schauspieler?

58. Wie viele Saiten hat eine klassische Geige?

59. Welcher Sänger landete mit »Fiesta Mexicana« einer seiner größten Hits?

Musik

Antworten

49. Ursprünglich nur die Saiteninstrumente Zither, Gitarre, Harfe, Kontrabass und Hackbrett. Heute auch andere Instrumente wie z. B. Akkordeon.

50. Berlin

51. »Große Uhren gehen tick tack, tick tack; kleine Uhren gehen ticke tacke, ticke tacke und die kleinen Taschenuhren gehen ticke tacke, ticke tacke, ticke tacke, tick.«

52. nach Hawaii

53. vier Musiker

54. »Rosamunde, schenk mir dein Herz und sag ja. Rosamunde, frag doch nicht erst die Mama.«

55. Polonaise

56. mit 17 (»Mit 17 hat man noch Träume«)

57. Roy Black

58. vier

59. Rex Gildo

Musik

Fragen

60. Wer schrieb die Operette »Die Fledermaus«?

61. Wer moderierte von 1969 bis 1984 die Fernsehsendung »ZDF Hitparade«?

62. Welche Namen hat das Akkordeon im Volksmund noch?

63. Welcher britische Sänger feierte mit zahlreichen deutschsprachigen Titeln große Erfolge, obwohl er selbst nur wenig deutsch spricht? Zu seinen Hits gehören Lieder wie »Eloisa«, »Leben mit Dir« und »Ein bisschen Aroma«.
Tipp: Sein Vorname lautet Roger.

64. Ein besonders beliebter deutscher Schlager heißt »Capri-Fischer« und beginnt mit den Worten »Wenn bei Capri die rote Sonne im Meer versinkt …«. In welchem Land liegt Capri?

65. Welcher russische Musiker verfasste das berühmte Ballett »Schwanensee«? **Tipp:** Sein Vorname lautet Peter.

66. Ein beliebter Kindertanz heißt »Brüderchen komm tanz' mit mir«. Wie lautet der Text und welche Gesten gehören dazu?

Musik

Antworten

60. Johann Strauß (Vater)

61. Dieter Thomas Heck

62. Ziehharmonika, Quetsche, Handorgel, Zerrwanst, Quetschkommode, Ziach, Schifferklavier etc.

63. Roger Whittaker

64. in Italien

65. Peter Tschaikowski

66. 1. Strophe: »Brüderchen, komm tanz' mit mir, beide Hände reich ich dir, einmal hin, einmal her, rundherum, das ist nicht schwer.«
2. Strophe: »Mit den Händchen klipp, klipp, klapp, mit den Füßchen tripp, tripp, trapp …«
3. Strophe: »Mit dem Köpfchen nick, nick, nick, mit dem Fingerchen tick, tick, tick …«
4. Strophe: »Ei, das hast du gut gemacht, ei das hätt ich nicht gedacht …«
5. Strophe: »Noch einmal das schöne Spiel, weil es mir so gut gefiel …«

Musik

Fragen

67. Was sang Conny Francis über die Liebe? **Tipp:** »Die Liebe ist ein …«?

68. Aus welchem Volkslied stammt der Text: »Wenn wir auch kein Federbett haben, faria, fariaho, tun wir uns ein Loch ausgraben, faria, fariaho. Legen Moos und Reißig nein, das soll unser Feldbett sein. Faria, faria, fariaho …«?

69. Caterina Valente besang 1954 eine europäische Hauptstadt in der alles von der Liebe träumt. Welche Stadt war das?

70. Welche Sängerin erzählte uns zum ersten Mal 1969 mit französischem Charme, wie es hinter den Kulissen von Paris ausschaut? **Tipp:** Ihr Vor- und Nachname beginnen mit M.

71. In einem Kinderlied heißt es »Backe, backe Kuchen, der Bäcker hat gerufen. Wer will guten Kuchen backen, der muss haben sieben Sachen: …«? Von welchen sieben Sachen ist die Rede?

72. Wie heißt der Refrain eines Liedes, das besonders in der Faschingszeit gerne gesungen wird: »Trink, trink, Brüderlein trink, …«?

73. Mit welchem knallroten Gegenstand fuhr Wencke Myhre 1970 in den Urlaub?

74. Was wird in einem schönen Schlager über die Fischerin vom Bodensee gesagt? **Tipp:** »Die Fischerin vom Bodensee ist …«?

75. Aus welchem Volkslied stammt der folgende Text: »Ich denke, was ich will und was mich beglücket, doch alles in der still und wie es sich schicket. Mein Wunsch und Begehren kann niemand verwehren. Es bleibet dabei: …«?

Musik

Antworten

67. »Die Liebe ist ein seltsames Spiel«

68. »Lustig ist das Zigeunerleben«

69. Paris (»Ganz Paris träumt von der Liebe«)

70. Mireille Mathieu

71. »… Eier und Schmalz, Zucker und Salz, Milch und Mehl, Safran macht den Kuchen gehl.«

72. »… lass doch die Sorgen zu Haus. Trink, trink, Brüderlein trink, zieh doch die Stirn nicht so kraus. Meide den Kummer und meide den Schmerz, dann ist das Leben ein Scherz …«

73. Gummiboot (»Er hat ein knallrotes Gummiboot«)

74. »Die Fischerin vom Bodensee ist eine schöne Maid, juchhee …«

75. »Die Gedanken sind frei«

Musik

Fragen

76. Welcher deutsche Sänger und Schauspieler machte sich vor allem in den 1970er-Jahren einen Namen mit Titeln wie »Ich bin verliebt in die Liebe« oder »Mein Name ist Hase«. Auch spielte er in zahlreichen Musikfilmen mit. **Tipp:** Sein Vorname lautet Chris.

77. Worauf war Marlene Dietrich von Kopf bis Fuß eingestellt?

78. Wie lautet der Text eines beliebten Stimmungsliedes: »Wer soll das bezahlen, ...?«

79. Was behauptet Katja Ebstein in einem ihrer Lieder über Wunder?

80. Welcher Sohn eines irischen Vaters und einer österreichischen Mutter landete in den 1950er- und 1960er-Jahren in Deutschland zahlreiche Nummer-eins-Hits? Einer seiner erfolgreichsten Titel heißt: »Junge komm bald wieder«. **Tipp:** Sein Nachname beginnt mit Q.

81. Wie lautet das Liedchen, zu dem kleine Kinder auf den Knien der Erwachsenen hopsen dürfen? **Tipp:** »Hoppe, hoppe Reiter ...«?

82. Welcher berühmte amerikanische Sänger und Schauspieler ging als »König des Rock 'n' Roll« in die Geschichte ein?

83. 1936 sang Heinz Rühmann in einem seiner Filme das Lied »Wozu ist die Straße da?«. Wie lautet der Text weiter?

84. Wer sang 1968 zum ersten Mal das beliebte »Kufsteinlied«? In den 1970er-Jahren wurde der Sänger dann als Jodlerkönig gefeiert.

Musik

Antworten

76. Chris Roberts

77. auf Liebe (»Ich bin von Kopf bis Fuß auf Liebe eingestellt«)

78. »… wer hat so viel Geld? Wer hat so viel Pinke-Pinke, wer hat so viel Geld?«

79. »Wunder gibt es immer wieder«

80. Freddy Quinn

81. »Hoppe, hoppe, Reiter, wenn er fällt dann schreit er. Fällt er in den Graben, fressen ihn die Raben. Fällt er in den Sumpf, macht der Reiter plums!«

82. Elvis Presley

83. »Wozu ist die Straße da? Zum Marschieren, zum Marschieren um die weite Welt.«

84. Franzl Lang

Musik

Fragen

85. Welches anrührende Volkslied beginnt mit den Worten: »Ich weiß nicht, was soll es bedeuten, daß ich so traurig bin. Ein Märchen aus uralten Zeiten, das kommt mir nicht aus dem Sinn ...«? **Tipp:** Denken Sie an einen Felsen im Rhein.

86. Welches Instrument wurde früher häufig auf Jahrmärkten gespielt? Der Spieler trug meistens einen Frack und Zylinder.

87. »Mein Mädel hat einen Rosenmund« heißt ein beliebtes Liebeslied. Wie lautet der Text weiter?

88. Welche Musikgruppe feierte ab 1969 zahlreiche Erfolge mit Titeln wie: »Weine nicht, kleine Eva«, »Lotosblume« oder »Moskau im Regen«?

89. Von welchem Duo stammt das Karnevalslied »Da steht ein Pferd auf dem Flur«?

90. Ein bekanntes Lied, das auch die Gruppe Comedian Harmonists sang, heißt »Veronika, der Lenz ist da«. Wie lautet der Text weiter?

91. Ein beliebtes Spiel bei Kindern ist »Taler, Taler, du musst wandern« (oder auch »Ringlein, Ringlein, du musst wandern«). Wie lautet der Text des dazugehörigen Liedes?

92. Welcher Sänger fragte in einem seiner Titel »Schöne Maid, hast Du heut für mich Zeit?« **Tipp:** Sein Vorname lautet Tony.

93. Wie hieß die Musiksendung, die von 1969 bis 2005 sonntags zur Mittagszeit im ZDF ausgestrahlt wurde?

Musik

Antworten

85. »Die Loreley«

86. Leierkasten oder Drehorgel

87. »Mein Mädel hat einen Rosenmund und wer sie küsst, der wird gesund. Oh du, oh du, oh du schwarzbraunes Mägdelein …«

88. Die Flippers

89. Klaus und Klaus

90. »Veronika, der Lenz ist da, die Mädchen singen tralala. Die ganze Welt ist wie verhext, Veronika, der Spargel wächst!«

91. »Taler, Taler (oder »Ringlein, Ringlein …«) du musst wandern, von der einen Hand zur andern. Das ist herrlich, das ist schön, Ringlein, lass dich nur nicht seh'n.« (Der Text kann regional leicht variieren.)

92. Tony Marshall

93. »ZDF Sonntagskonzert«

Musik

Fragen

94. »Auf der Lüneburger Heide« heißt der Titel eines beliebten Volksliedes. Wie lautet der Text weiter?

95. Welcher niederländische Musiker reist seit Mitte der 1990er-Jahre mit seinem »Johann-Strauß-Orchester« durch die ganze Welt? Seine Konzerte werden regelmäßig im Fernsehen übertragen (z. B. Weihnachtskonzerte) und begeistern ein breites Publikum.

96. Wie heißt ein beliebtes Sehnsuchts- und Seemannslied, das bereits von einer großen Zahl von Interpreten gesungen wurde – z. B. von Hans Albers und Freddy Quinn. **Tipp:** Der spanische Titel heißt ins Deutsche übersetzt »Die Taube«.

97. Welches Musikantenduo gewann 1988 mit dem Titel »Patrona Bavariae« den Grand Prix der Volksmusik?

98. Welcher berühmte Geiger feierte mit seiner Band in den 1960er- und 1970er-Jahren große Erfolge? Wegen seiner charakteristischen Spielweise wurde er auch »Zaubergeiger« genannt. **Tipp:** Sein Vorname lautet Helmut.

99. Ein bekannter deutscher Schlagersänger hieß mit bürgerlichem Namen Ludwig Franz Hirtreiter. Wie lautete sein Künstlername? **Tipp:** Der Vorname beginnt mit R, der Nachname mit G.

100. Welcher ehemalige Skirennläufer aus Österreich ist seit den 1990er-Jahren auch als Sänger erfolgreich?

101. Welche deutsche Sängerin wurde bekannt mit Titeln wie »Sehnsucht ist unheilbar«, »Geh nicht in die Stadt heut Nacht« oder »Am Tag, als Conny Kramer starb«?

Musik

Antworten

94. »Auf der Lüneburger Heide, in dem wunderschönen Land, ging ich auf und ging ich unter, allerlei am Weg ich fand. Valleri, vallera …«

95. André Rieu

96. »La Paloma«

97. Original Naabtal Duo

98. Helmut Zacharias

99. Rex Gildo

100. Hansi Hinterseer

101. Juliane Werding

Film & Fernsehen

Fragen

1. Einer ihrer größten Erfolge feierte die Schauspielerin Lilo Pulver mit dem Film »Ich denke oft an Piroschka«. In welchem Land spielte die Handlung?

2. Auf welchem Schiff dienten Heinz Weiss und Siegfried Rauch lange Jahre als Kapitän?

3. Wie heißt der deutsche Schauspieler, der durch seine Hauptrolle in den »Lausbubengeschichten« bekannt wurde? Einige Jahre später spielte er den frechen Schüler Pepe in der Reihe »Die Lümmel von der ersten Bank«. **Tipp:** Sein Vorname lautet Hansi.

4. Mit Spannung haben wir die Abenteuer von »Meister Eder und seinem Pumuckl« verfolgt. Welchen Beruf übte Meister Eder aus?

5. Welche deutsche Schauspielerin hatte ab 1959 den Beinamen »Mutter der Nation«? Bekannt wurde sie vor allem durch ihre Rolle als Käthe Scholz in der Fernsehserie »Die Unverbesserlichen«.

6. 1956 wurde im deutschen Fernsehen die erste Werbesendung ausgestrahlt. Für welches Produkt wurde geworben? **Tipp:** ein Waschmittel

7. Welcher Schauspieler verkörperte ab 1974 die Hauptrolle in der Krimiserie »Derrick«?

8. Welche bayerische Schauspielerin wurde 1968 durch den Film »Zur Sache, Schätzchen« bekannt? Danach wirkte sie in einer Vielzahl von Fernsehproduktionen mit, wie z. B. in: »Ein Schloss am Wörthersee« oder »Unsere schönsten Jahre«. Häufig spielte sie an der Seite von Roy Black.

Film & Fernsehen

Antworten

1. in Ungarn

2. Traumschiff

3. Hansi Kraus

4. Schreiner

5. Inge Meysel

6. Persil

7. Horst Tappert

8. Uschi Glas

Film & Fernsehen

Fragen

9. Welcher korpulente Schauspieler mit markanter Hornbrille spielte ab 1967 die Hauptfigur in zahlreichen Komödien wie »Immer die Radfahrer«, oder »Der letzte Fußgänger«?
   Tipp: Sein Vorname lautet Heinz.

10. Wer war der erste Nachrichtensprecher der »Tagesschau«?
    Tipp: Sein Vorname lautet Karl-Heinz.

11. Aus welchem Bundesland wurde die Sendung »Zum Blauen Bock« gesendet?

12. In welcher Fernsehserie beschimpfte das »Ekel Alfred« seine Frau regelmäßig als »dusselige Kuh«?

13. Wer moderierte ab 1964 43-mal die Sendung »Einer wird gewinnen«?

14. Welchen Namen hatte die beliebte Volksmusiksendung, die von 1971 bis 2007 regelmäßig im ZDF ausgestrahlt wurde? Moderatoren der Sendung waren unter anderen Carolin Reiber sowie Marianne und Michael.

15. Welcher große Filmkomiker aus Wien machte ständiges Nuscheln und nervöses Gestikulieren zu seinen Markenzeichen?

16. Welche Schauspielerin spielte 1953 in dem Film »Wenn der weiße Flieder wieder blüht« an der Seite ihrer Mutter Magda?

17. In welcher Stadt befand sich das Theater des Volksschauspielers Willi Millowitsch?

18. In welcher Fernsehserie spielte Roy Black 1990 bis 1992 einen Hoteldirektor in Österreich?

Film & Fernsehen

Antworten

9. Heinz Ehrhard

10. Karl-Heinz Köpcke

11. aus Hessen

12. »Ein Herz und eine Seele«

13. Hans-Joachim Kulenkampff

14. »Lustige Musikanten«

15. Hans Moser

16. Romy Schneider

17. in Köln

18. »Ein Schloss am Wörthersee«

Film & Fernsehen

Fragen

19. Wie heißt der berühmte amerikanische Fernsehhund, der uns in einer Vielzahl von Filmen und Serien mit seinen Abenteuern erfreute?

20. Johanna Spyris Roman über die Abenteuer der kleinen Heidi wurde mehrfach verfilmt. Wie heißt Heidis Freund, der Ziegenhirt, mit Vorname?

21. Wie heißt der amerikanische Zauberkünstler, der ab den 1970er-Jahren mit seinen spektakulären Auftritten weltweit berühmt wurde? **Tipp:** Sein Vorname lautet David.

22. Welches bekannte deutsche Eiskunstlaufpaar erfreute in den 1950er- und 1960er-Jahren die Zuschauer mit zahlreichen Erfolgen?

23. Wie hieß der brave tschechische Soldat, der sich in einer Reihe von Abenteuern mit viel Witz und List vor dem Kriegsdienst drückte?

24. Seit 1965 wird die Ziehung der Lottozahlen live im Fernsehen übertragen. Die Gewinnformel lautet »6 aus …«?

25. Wie hieß die bedeutendste Nachrichtensendung des DDR-Fernsehens?

26. Wie heißt die Sendung, die der Aufklärung ungelöster Kriminalfälle dienen soll und seit 1967 regelmäßig im ZDF ausgestrahlt wird? **Tipp:** »Aktenzeichen …«

27. Viele Sportfans verfolgen mit Spannung die regelmäßigen Übertragungen der Formel-1-Autorennen auf dem Bildschirm. Gab es in der Geschichte der Formel 1 auch weibliche Fahrer?

Film & Fernsehen

Antworten

19. Lassie

20. Peter

21. David Copperfield

22. Marika Kilius und Hans-Jürgen Bäumler

23. »Der brave Soldat Schwejk«

24. »6 aus 49«

25. »Aktuelle Kamera«

26. »Aktenzeichen XY ... ungelöst«

27. Ja, es gab tatsächlich auch weibliche Formel-1-Pilotinnen: 1958 ging Maria Theresa de Filippis dreimal an den Start und von 1974 bis 1976 fuhr Lella Lombardi für die Formel 1.

Film & Fernsehen

Fragen

28. Welchen Namen hatte die erste Programmzeitschrift für Hörfunk bzw. Fernsehen in Deutschland?

29. Wer war der erste Moderator von »Wetten dass …«?

30. Welcher Schauspieler wurde in den 1950er-Jahren als deutscher James Dean gefeiert? Seinen Durchbruch hatte er mit Filmen wie »Die Halbstarken« und »Endstation Liebe«.
    Tipp: Sein Vorname lautet Horst.

31. Durch welche Filmrolle wurde der französische Schauspieler Pierre Brice in Deutschland bekannt?

32. Robert Lembke moderierte von 1955 bis 1989 eine beliebte Quiz-Sendung, in der die Berufe bestimmter Personen erraten werden mussten. Wie hieß diese Sendung?

33. Welche Zeichentrickfigur bringt seit 1959 im deutschen Fernsehen den Kindern allabendlich Gute-Nacht-Geschichten? Anschließend schickt er die Kleinen mit schönen Träumen in den Schlaf.

34. Wie heißt die große Unterhaltungssendung, die seit 1986 in den Sommermonaten regelmäßig am Sonntagvormittag live im ZDF übertragen wird?

35. Welcher deutsche Schauspieler brachte uns als Hauptdarsteller zahlreicher Edgar-Wallace-Filme das Fürchten bei?
    Tipp: Vor- und Nachname beginnen mit K.

36. 1963 wurde der Besuch eines Präsidenten in Deutschland insgesamt 17 Stunden lang im Fernsehen übertragen. Um welchen Besucher handelte es sich?

Film & Fernsehen

Antworten

28. »Hörzu«

29. Frank Elstner moderierte die Sendung »Wetten dass …« von 1981 bis 1987.

30. Horst Buchholz

31. als Winnetou in Karl-May-Verfilmungen

32. »Was bin ich?«

33. das Sandmännchen (auch Sandmann)

34. »ZDF-Fernsehgarten«

35. Klaus Kinski

36. John F. Kennedy

Film & Fernsehen

Fragen

37. Wie hieß der französische Komiker, der für sein cholerisches Schauspiel sowie seine amüsante Mimik bekannt wurde? Er spielte bis zum Beginn der 1980er-Jahre mit Vorliebe die Rolle des aufbrausenden Kleinbürgers oder die des ehrgeizigen Gendarms. **Tipp:** Sein Vorname lautet Luis.

38. Welcher berühmte deutsche Schauspieler verkörperte in der »Feuerzangenbowle« den Schüler Pfeiffer?

39. In welcher amerikanischen Westernserie entführten uns Hoss, Ben und Little Joe auf ihre Ponderosa-Ranch?

40. In welcher Sportart gewann Mark Spitz bei den Olympischen Sommerspielen 1972 in München sieben Goldmedaillen?

41. Arnold Schwarzenegger wurde zunächst als Bodybuilder bekannt, bevor er sich als Schauspieler einen Namen machte. In welchem Land wurde er geboren?

42. Für welches Auto wurde mit dem Spruch geworben: »Er läuft und läuft und läuft!«?

43. Wer war der erste Moderator der beliebten Ratesendung »Dingsda«, bei der Kinder Begriffe umschreiben mussten? **Tipp:** Sein Vorname ist Fritz.

44. Welche Tiersendung wurde ab 1956 in ca. 175 Folgen ausgestrahlt? Moderator war der Tierarzt und Verhaltensforscher Bernhard Grzimek.

45. Eine der beliebtesten Zeichentrickserien ist bis heute »Biene Maja«. Wie heißt der Bienenjunge, der Maja als bester Freund auf ihren Abenteuern begleitet? **Tipp:** Sein Name beginnt mit W.

Film & Fernsehen

Antworten

37. Luis de Funès

38. Heinz Rühmann

39. in »Bonanza«

40. Schwimmen

41. in Österreich, Steiermark

42. für den VW Käfer

43. Fritz Egner

44. »Ein Platz für Tiere«

45. Willi

Film & Fernsehen

Fragen

46. Welches Filmmädchen mit roten Zöpfen konnte ein echtes Pferd hochheben?

47. Welchen Namen hatte die beliebte Quizsendung, die von 1979 bis 1986 von Hans Rosenthal moderiert wurde?

48. Wie heißt das legendäre Hotel am Wolfgangsee, das als Schauplatz eines Bühnenstückes berühmt wurde?
Das Singspiel wurde mehrfach verfilmt, u.a. mit Theo Lingen, Peter Alexander und Waltraud Haas.

49. Wer spielte von 1969 bis 1976 die Hauptrolle in der Krimiserie »Der Kommissar«? **Tipp:** Sein Vorname lautet Erik.

50. Für welches Produkt wird bereits seit 1973 im deutschen Fernsehen mit einer lila Kuh geworben?

51. Welche Schauspielerin mit ungarischer Abstammung begeisterte auch als Sängerin und Tänzerin ein großes Publikum? Sie spielte bereits in den 1930er-Jahren an der Seite von Johannes Heesters, war aber bis in die 1980er-Jahre hinein erfolgreich mit Musikfilmen, Komödien, Operetten und Musicals. **Tipp:** Ihr Vorname lautet Marika.

52. Wer wurde in den 1950er- und 1960er-Jahren als Star der Mainzer Fastnacht gefeiert? Meistens trat er zusammen mit dem blinden Komponisten Toni Hämmerle auf.

53. Welcher deutsche Komödiant spielte bis in die 1990er-Jahre hinein in einer Vielzahl von Fernsehfilmen mit? 1965 und 1966 verkörperte er die Hauptrolle in der Serie »Unser Pauker«. Von 1961 bis 1971 erzählte er regelmäßig »Komische Geschichten«. **Tipp:** Sein Vorname lautet Georg.

Film & Fernsehen

Antworten

46. Pippi Langstrumpf

47. »Rate mal mit Rosenthal«

48. Das Hotel »Zum weißen Rössl« in dem Singspiel / Film »Im weißen Rössl«

49. Erik Ode

50. Milka Schokolade

51. Marika Rökk

52. Ernst Neger

53. Georg Thomalla

Film & Fernsehen

Fragen

54. Welcher große deutsche Humorist hinterließ eine geniale Sammlung an Sketchen und Filmen, die er häufig zusammen mit Evelyn Hamann drehte? Sein bürgerlicher Name lautet Vicco von Bülow. Welchen Künstlernamen benutzte er?

55. Was für ein Tier war Fury, der uns in einer amerikanischen Fernsehserie mit seinen Abenteuern begeisterte?

56. Welche sympathischen Zwerge werden seit 1963 im ZDF zwischen einzelnen Werbefilmen gezeigt?

57. Wie heißt die schöne italienische Schauspielerin, die ab den 1960er-Jahren auch mit Hollywoodfilmen berühmt wurde? Sie spielte an der Seite zahlreicher Stars wie z. B. Clark Gable, Richard Burton, Cary Grant sowie Marcello Mastroianni.
Tipp: Ihr Vorname lautet Sophia.

58. Welches Fernsehkrankenhaus wurde von Prof. Klaus Brinkmann geleitet?

59. Welcher deutsche Schauspieler wurde vor allem durch sein Mitwirken in zahlreichen Kriminalfilmen und -serien bekannt, insbesondere als Kommissar der Tatort-Reihe?
Tipp: Vor- und Nachname beginnen mit G.

60. Wer moderierte von 1979 bis 1994 die Quizsendung »Die Pyramide«?

61. In welcher Stadt spielte die Fernsehserie »Drei Damen vom Grill«?

62. In seiner Sendung »Dalli Dalli« sprang Hans Rosenthal regelmäßig in die Luft und rief: »Das war …«?

Film & Fernsehen

Antworten

54. Loriot

55. ein Pferd

56. Die Mainzelmännchen

57. Sophia Loren

58. »Die Schwarzwaldklinik«

59. Götz George

60. Dieter Thomas Heck

61. in Berlin

62. »Das war spitze!«

Film & Fernsehen

Fragen

63. Welcher große niederländische Showmaster unterhielt uns glänzend mit Sendungen wie »Am laufenden Band«, »Herzblatt« und »Lass dich überraschen«?

64. Wie hieß der beliebte deutsche Filmkomiker, dessen Markenzeichen seine nasale Sprechweise war? Häufig spielte er an der Seite von Hans Moser und Heinz Rühmann in Filmen wie »Feuerzangenbowle«, »Opernball« oder »Tante Trude aus Buxtehude«.

65. Welcher Schweizer Schlagersänger, Schauspieler und Showmaster moderierte von 1967 bis 1970 die Unterhaltungssendung »Der goldene Schuss«? **Tipp:** Sein Vorname lautet Vico.

66. Wie heißt der schlitzohrige Priester, der in einer Reihe von italienischen Filmen im ständigen Konflikt mit dem Bürgermeister Peppone liegt?

67. Welche amerikanische Fernsehserie wurde nach einer texanischen Stadt benannt? Die 357 Folgen der Serie handelten von einem Familienclan und dessen Unternehmen in der Ölindustrie.

68. Welche Süßwarenmarke macht »Kinder froh und Erwachsene ebenso«?

69. Wie hieß die erste weibliche Sprecherin der Nachrichtensendung »Heute«? **Tipp:** Ihr Vorname lautet Wibke.

70. Die Eröffnung welcher sportlichen Großveranstaltung wurde am 26. August 1972 im Fernsehen übertragen?

71. Was für ein Tier war Flipper, der die Hauptrolle in einer amerikanischen Fernsehserie in den 1960er-Jahren spielte?

Film & Fernsehen

Antworten

63. Rudi Carrell

64. Theo Lingen

65. Vico Torriani

66. Don Camillo

67. »Dallas«

68. Haribo

69. Wibke Bruhns

70. die 20. olympischen Sommerspiele in München

71. ein Delfin

Film & Fernsehen

Fragen

72. Welche Schauspielerin verkörperte die Hauptrolle in der Fernsehserie »Die schnelle Gerdi«?

73. An welchem Tag wird der Kurzfilm »Dinner for one« jedes Jahr mehrfach im Fernsehen gesendet?

74. Welcher britische Schauspieler wurde vor allem als Komiker in den Stummfilmen der 1920er-Jahre berühmt? Seine Markenzeichen waren ein schwarze Schnurrbart, übergroße Hose und Schuhe, Melone auf dem Kopf und Gehstock in der Hand.

75. Welches bayerische Marionettentheater wurde durch zahlreiche Fernsehproduktionen deutschlandweit bekannt?

76. Wie heißt die beliebte Leichtathletin, die 1972 bei den olympischen Spielen in München zweimal Gold (Weitsprung und Staffellauf) und einmal Silber (Fünfkampf) gewann?
Tipp: Ihr Vorname lautet Heide.

77. Wie hieß die politische Diskussionsrunde, die von 1952 bis 1987 am Sonntagmittag von Werner Höfer moderiert wurde?

78. Welche große Unterhaltungsshow des DDR-Fernsehens wurde ab 1972 sechsmal jährlich am Samstagabend ausgestrahlt?

79. Welcher deutsche Boxer feierte in den 1950er- und 1960er-Jahren sensationelle Erfolge? Der Sportler wurde in Berlin geboren und erlitt in seiner gesamten Profikarriere nur zwei Niederlagen?

80. Welcher österreichische Schauspieler verkörperte den glücklichen Ehemann in der Serie »Ich heirate eine Familie«?
Tipp: Sein Vorname lautet Peter.

Film & Fernsehen

Antworten

72. Senta Berger

73. Silvester

74. Charlie Chaplin

75. Augsburger Puppenkiste

76. Heide Rosendahl

77. »Der Internationale Frühschoppen«

78. »Ein Kessel Buntes«

79. Gustav »Bubi« Scholz

80. Peter Weck

Film & Fernsehen

Fragen

81. Wie hieß die Gerichtssendung des ZDF-Fernsehens, in der das Publikum per Knopfdruck sein Urteil abgeben konnte?

82. Für welches beliebte Gesundheitsprodukt wird seit Jahrzehnten mit dem Spruch geworben: »Nie war er so wertvoll wie heute«?

83. Welche österreichische Skirennläuferin stellte in den 1970er-Jahren zahlreiche Rekorde auf? Sie gewann sechsmal den Gesamtweltcup, wurde fünfmal Weltmeisterin und 1980 Olympiasiegerin im Abfahrtslauf.

84. Für welche Soziallotterie des ZDF wurde 1964 erstmals um Spenden gebeten? Mit dieser Aktion wird jedes Jahr eine Vielzahl von Projekten der Kinder- und Behindertenhilfe unterstützt.

85. Wer spielte 1962 in dem Film »Kohlhiesels Töchter« die beiden grundverschiedenen Schwestern in einer Doppelrolle?

86. Für welches Produkt wird seit Jahrzehnten mit dem Spruch geworben: »Damit Sie auch morgen noch kraftvoll zubeißen können.«

87. Welche schrullige englische Hobby-Detektivin unterhielt uns köstlich mit Filmen wie »Mörder ahoi!« oder »16 Uhr 50 ab Paddington«?

88. War Oberinspektor Derrick in der gleichnamigen Krimiserie verheiratet, geschieden oder ledig?

89. Wer war der chaotische Filmvorführer und Spaßtelefonierer in der Sendung »Verstehen Sie Spaß?« mit Kurt und Paola Felix?
Tipp: Sein Vorname lautet Karl.

Film & Fernsehen

Antworten

81. »Wie würden Sie entscheiden?«

82. Klosterfrau Melissengeist

83. Annemarie Pröll / Moser-Pröll

84. »Aktion Sorgenkind«; seit 2000 »Aktion Mensch«

85. Liselotte Pulver

86. »Blend-a-med« Zahnpasta

87. Miss Marple

88. ledig, er hatte aber in der Serie zweimal eine Freundin

89. Karl Dall

Film & Fernsehen

Fragen

90. In welcher Stadt spielte die Fernsehserie »Diese Drombuschs«?

91. Wie hieß in der Serie »Die Schwarzwaldklinik« die resolute Oberschwester, gespielt von Eva Maria Bauer?

92. Wer spielte den Chefsteward Victor Burger in den ersten Folgen der Serie »Das Traumschiff«?

93. Für welche Süßigkeit wirbt die Fernsehreklame seit den 1970er-Jahren mit den Worten: »Quadratisch, praktisch, gut!«?

94. Wer präsentierte in den 1970er-Jahren die erfolgreiche Unterhaltungssendung »Am laufenden Band«?

95. Welche Nationalmannschaft wurde 1974 Fußballweltmeister?

96. Ein beliebter deutscher Schauspieler hieß mit bürgerlichem Namen Gerhard Höllerich. Unter welchem Künstlernamen war er bekannt?

97. Wer hatte 1974 in der Sendung »Drei mal Neun« einen spektakulären Auftritt, bei dem er Gabeln verbog – angeblich durch übersinnliche Kräfte?

98. Wo spielte die beliebte Tierserie »Daktari«?

99. Wie hieß die Fernsehserie, die Ende der 1960er-Jahre ausgestrahlt wurde und im Circus Krone spielte? Die Handlung drehte sich in erster Linie um die Artistenfamilie Doria.

100. Die Fernsehserie »Das Krankenhaus am Rande der Stadt« gilt als Vorbild für viele spätere Krankenhausserien. Aus welchem Land stammt die beliebte Reihe?

Film & Fernsehen

Antworten

90. in Darmstadt

91. Oberschwester Hildegard

92. Sascha Hehn

93. »Ritter Sport« Schokolade

94. Rudi Carrell

95. Deutschland

96. Roy Black

97. Uri Geller

98. Afrika

99. »Salto Mortale«

100. Tschechoslowakei

»Biografiearbeit – Ratespaß mit Senioren«: Spielerisch Erinnerungen wecken

Entdecken Sie weitere unterhaltsame Rätselbücher von Susann Winkler – ideal zur Aktivierung und Beschäftigung von Senioren.

Band 1–3 im Set
ISBN 978-3-89993-354-3
nur € 44,99

Band 2:
Haus & Garten, Tiere
ISBN 978-3-89993-352-9, € 16,95

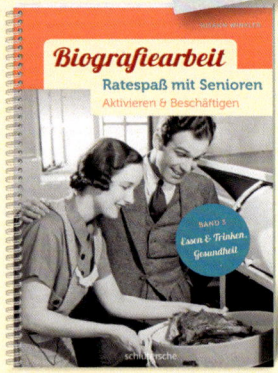

Band 3:
Essen & Trinken, Gesundheit
ISBN 978-3-89993-353-6, € 16,95

Band 4: Kindheit & Jugend, Familie
ISBN 978-3-89993-374-1, € 16,95

Band 5: Freizeit & Urlaub, Sport
ISBN 978-3-89993-375-8, € 16,95

Auch als E-Books erhältlich

www.buecher.schluetersche.de
Änderungen vorbehalten.

schlütersche